## Inhalt



Tyrolia-Verlag · Innsbruck-Wien

# 1. Miteinander unterwegs – ich und die anderen

So bin ich! Nämlich ganz einzigartig und besonders! *Hier kannst du einzeichnen und eintragen, was dich besonders macht und was du gut kannst oder gerne magst:*

In der Erstkommuniongruppe sind wir eine

....................................................................................................

## Anregungen für die Eltern:

Ich bin wertvoll – ich bin einzigartig! Jede/r von uns ist ein ganz besonderer, wertvoller Mensch. Schon kleine Kinder haben ihre Eigenheiten und sind eine eigenständige Persönlichkeit.

Wenn wir einander näher kennen lernen, merken wir sehr bald, dass wir manchmal dieselben Dinge gern haben. In vielen Bereichen unterscheiden wir uns aber auch voneinander. Diese Buntheit macht eine Gemeinschaft von Menschen vielfältig und das bereichert auch unsere Kommuniongruppe.

Unterschiedliche Wünsche und Bedürfnisse können jedoch zu Missverständnissen und Konflikten führen – das merken wir gerade innerhalb einer Familie. Dabei kann es uns helfen, miteinander über unsere Verschiedenheiten zu reden und gut aufeinander zu hören. Im jeweiligen „Anderssein" der einzelnen Familienmitglieder gibt es immer wieder neue spannende und schöne Aspekte zu entdecken.

## Gesprächsanregung:

Jeder Mensch mag bestimmte Dinge gern. Die eine freut sich an Musik, für den anderen ist Sport wichtig, wieder jemand bäckt sehr gerne Schokoladekuchen. In einem lustigen Familieninterview können wir uns gegenseitig über unsere Vorlieben befragen, vielleicht werden so auch neu Gemeinsamkeiten sichtbar?

*Welche Sachen machen gemeinsam mehr Spaß als alleine?* Bestimmt findet ihr dabei Dinge, die alle lustig finden. Nehmt euch in diesen Tagen besonders Zeit dafür!

## Spielidee:

Puzzles zeigen es uns besonders deutlich: Erst die vielen verschiedenen Teile zusammen ergeben am Ende ein schönes, buntes Bild. Vielleicht weiß jemand eine Geschichte oder ein Erlebnis zum Thema Gemeinschaft/Freundschaft, das er während des Puzzelns erzählen oder vorlesen möchte?

## Das glauben wir - darauf dürfen wir vertrauen:

Gott hat jeden von uns als einzigartigen, wertvollen Menschen geschaffen. Er liebt uns genau so, wie wir sind, mit allem, was zu unserer Persönlichkeit dazugehört. Wir müssen nicht erst etwas Besonderes leisten, Gottes Liebe ist immer schon im Voraus da. Gott kommt dem Menschen stets liebend entgegen.

## Keiner und einer

Keiner soll
dich betrügen
und niemand soll
dich belügen

Jeden Tag
soll einer
sein Lachen
dir schenken
und gut
an dich denken

Wer dich mag
darf dich necken
aber keiner
keiner
darf dich erschrecken

Anne Steinwart

## Miteinander beten:

Lieber Gott!

In unserer Familie ist jede/r ganz besonders einzigartig und wichtig.

*(Nun kann jede/r etwas Nettes über den anderen sagen, dabei können Hobbies und Besonderheiten der Familienmitglieder aufgezählt werden, z. B. Mama singt immer so schön unter der Dusche, Sabine schmückt den Esstisch oft mit selbst gepflückten Blumen usw.)*

Danke, dass wir einander gern haben und gemeinsam Freude spüren können.
Danke, dass auch du in unserer Mitte sein möchtest und jeden von uns lieb hast.
Amen.

*Zu einem schönen Ritual kann es werden, wenn wir beim gemeinsamen Gebet immer eine besondere Kerze anzünden, die auch von allen Familienmitgliedern gemeinsam verziert werden kann. (Dazu eignen sich Wachsplatten, die es im Bastelgeschäft zu kaufen gibt.)*

## Zum Nachdenken für die Eltern:

Ich habe dich beim Namen gerufen.
Im Leben und im Sterben rufst du mich beim Namen.
Dir gehöre ich – nicht als Besitz oder Objekt,
das du klein halten willst.

Dein Wille geschieht, wenn jeder Mensch sich entfalten kann
und dabei zugleich seinen Ursprung
und sein Ziel in dir sieht.

Meine Einmaligkeit willst du, Gott, fördern
im Wahrnehmen des WESENtlichen im Leben.
Deine Hoffnung entfaltet sich im Wesen eines jeden Menschen
jeden Tag neu.

*Pierre Stutz*
*(nach Jesaja 43,1)*

## Unsere Gemeinsamkeiten:

*Jede/r aus der Familie kann in eine Ecke schreiben, was er/sie gerne mag. Im Kreis in der Mitte des Blattes tragen wir ein, was wir alle gemeinsam gern haben oder was wir gerne miteinander machen.*

# 2. Freundschaft macht das Leben bunt

So fühlt sich Freundschaft für mich an!
*Hier kannst du ein Bild zum Thema „Freundschaft" malen.*

# Der gute Hirte und das verlorene Schaf

Die Pharisäer und Schriftgelehrten ärgern sich über Jesus und murren: „Er hat den Zöllner Zachäus in seinem Haus besucht.“ „Du willst ein Gotteslehrer sein“, sagen sie, „und bist gleichzeitig ein Freund von Sündern. Das ist unmöglich.“ „Hört zu“, antwortet Jesus, „ich will euch dazu eine Geschichte erzählen“:

Stellt euch einen Hirten vor, der 100 Schafe hat. Er kennt sie alle. Er ruft sie bei ihrem Namen. Aber eines Abends zählt er sie. Er zählt sie immer wieder. Es sind nur noch 99 Schafe. Ein Schaf ist verschwunden. Der Hirt hat ein Schaf verloren und ihr wisst, was er tut: Er sucht und sucht, in den Felsen und im stachligen Gebüsch. Er lässt die 99 anderen Schafe in der Wüste in einem Pferch zurück.

Er sucht, bis er das verlorene Schaf findet. Als er es aber entdeckt, drückt er es vor Freude an sich. Dann legt er es über seine Schultern und trägt es zurück, über Felsen, durch stachliges Gebüsch, zurück zu den anderen 99 Schafen. Wie er später mit allen 100 Schafen wieder nach Hause kommt, ruft er seine Freunde und Nachbarn zusammen und sagt: „Freut euch mit mir. Feiert mit mir. Denn das Schaf, das verloren war, habe ich wiedergefunden. Schaut, hier liegt es auf meinen Schultern."

Jesus macht eine Pause. Geht die Geschichte weiter? Jesus fügt hinzu: „Wie dieser Hirt mit seinem Schäfchen, so ist Gott mit uns Menschen. Der Hirt sucht jedes Schäfchen, das verloren geht. Wenn er es gefunden hat, ist seine Freude groß. So freut sich Gott über einen einzigen Menschen, der sein Leben ändert und zu ihm zurückkehrt. Ein einziger Mensch, der sich verirrt hat, ist ihm wichtiger als alle anderen, die seine Hilfe nicht brauchen."

Auch Zachäus hat zugehört. Er steht im Hintergrund. „Ja, ich bin der Mensch, der sich geändert hat und der sich vorher verirrt hat." Am liebsten möchte Zachäus laut rufen: „Ich bin's! Ich bin das Schaf. Jesus ist zu mir gekommen."

*(nach Lukas 15,1–7)*

Gott will unser Freund sein. Wir sind ihm wichtig, jede/r Einzelne von uns. Gott kümmert sich um uns, er hat uns gerne, er vergisst uns nicht.
*Was gefällt euch denn an dieser Freundschaft Gottes zu den Menschen? Wie fühlt sich diese Freundschaft an?*

..........................................................................................

..........................................................................................

..........................................................................................

..........................................................................................

## *Das glauben wir, darauf dürfen wir vertrauen:*

**Mit der Taufe beginnt unsere Freundschaft mit Gott.**
**Durch die Taufe sind unsere Namen in Gottes Hand geschrieben.**
**Er hält uns in seiner Hand und beschützt uns, weil er uns gerne hat.**
**Gott hat auch dir und mir Hände gegeben, damit wir Gutes tun.**
**Wir können uns gegenseitig an der Hand halten.**

*Hier kannst du nun einen Abdruck deiner Hand mit Malfarben einzeichnen oder den Linien deiner Hand nachfahren.*

**Gott hat uns Hände gegeben, damit wir anderen Gutes tun können. Wir können mit unseren Händen andere streicheln, sie halten, wenn sie schwach sind, wir können anderen mit unseren Händen etwas schenken und Hand in Hand mit unseren Freunden herumlaufen.**

**Gott hat dich lieb und möchte auch dein Freund sein. Er hilft dir, damit du mit deinen Händen anderen Menschen Gutes tun kannst.**

## Anregungen für die Eltern:

Eine/r ist mein Freund oder meine Freundin! Freundschaft ist etwas besonders Wertvolles und will gepflegt werden. Jemanden zu haben, dem ich vertrauen kann, mit dem ich schöne Stunden erlebe, zu dem ich aber auch kommen kann, wenn es mir schlecht geht – das ist wirklich ein Schatz!

Auch Kinder machen diese Freundschaftserfahrungen, wobei „Miteinander-gut-Sein“ und „Jetzt bist du nicht mehr mein Freund“ in diesem Alter noch eng beisammen liegen und schnell wechseln können.

## Gesprächsanregung:

Wir erzählen einander, warum ein bestimmter Mensch für uns ein besonders lieber Freund/eine besonders liebe Freundin ist. Jedem von uns sind dabei andere Dinge wichtig. Die Kinder genießen es vielleicht, mit ihrem Freund zu spielen, während für die Eltern Eigenschaften wie Verlässlichkeit, Ehrlichkeit, Toleranz ... an einem Freund/einer Freundin wichtig sind. Im Austausch darüber können große und kleine Menschen voneinander lernen.

## Aktion:

Kleine Zeichen erhalten die Freundschaft! Jedes Familienmitglied denkt sich eine kleine Geste aus, durch die es einem lieben Freund in den nächsten Tagen Freude machen könnte (z. B. etwas basteln, einladen, einen lustigen kurzen Brief schicken, ihm/ihr ein Kompliment machen ...). Nach einiger Zeit setzen sich alle zusammen und tauschen aus, wie es gelungen ist und ob sich der Freund/die Freundin gefreut hat. Vielleicht kommt ja sogar ein Freundschaftszeichen zurück?

## Basteln:

Auf einem Plakat kann jedes Familienmitglied seine Handabdrücke anbringen – in verschiedenen Farben. Wer mag, kann auf die Fingerspitzen auch noch ein Lachgesicht (oder ein Wutgesicht?) aufmalen. Dann werden die Namen des „Handbesitzers“ daraufgeschrieben. Jede Hand schaut ganz anders aus, jede ist einzigartig.

## Wie Katharina sich Gott vorstellt

„Gott ist ganz anders als wir“, sagt die Religionslehrerin zu den Kindern. „Er ist ein Geheimnis. Wir Menschen können ihn uns nicht vorstellen.“

„Ich will ihn mir aber vorstellen!“, ruft Katharina.

Die Lehrerin lacht. „Du kannst es ja versuchen, Katharina. Nur darfst du ihm nicht vorschreiben, dass er so sein muss, wie du ihn dir vorstellst.“

„Gut“, sagt Katharina. Und sie denkt nach und denkt sich Bilder aus: Hätte Gott einen Mantel, so wäre der aus Sternen und Meer gemacht und mit Vögeln bestickt. Die Vögel, die könnten singen.

Hätte Gott Füße wie wir, dann würde er barfuß gehen, damit er den Sand zwischen den Zehen spürt, das kühle Moos auf den Steinen im Bach, den harten Beton. Er würde alles spüren und spüren wollen.

Hätte Gott eine Stimme wie wir, er würde lachen und weinen, und Katharina könnte schon am Klang seiner Stimme merken, wie er es meint.

Manchmal hätte er eine Stimme wie der Fahrer in der Straßenbahn: „Kind, halt dich fest, gleich kommt eine blöde Kurve.“

Manchmal hätte er eine Stimme wie Jakob, wenn sie gestritten haben: „Magst mich nicht fragen, ob ich schon wieder gut bin?“

Manchmal hätte er eine Stimme wie Katharinas Mutter, wenn sie am Abend die Decke um Katharina festdrückt und sagt: „Jetzt schlaf gut, du bist meine ganz liebe Katharina.“

*Lene Mayer-Skumanz*

### *Das glauben wir, darauf dürfen wir vertrauen:*

**Bei der Taufe beginnt der Freundschaftsbund zwischen Gott und dem Menschen. Dieser Bund hört nie auf, wir können uns stets darauf verlassen, dass Gott uns liebt und uns nicht vergisst.**

## Aktion:

Miteinander Fotos bzw. Videoaufnahmen von der Tauffeier des Kindes anschauen, Glückwunschkarten nachlesen ... Die Eltern erzählen dem Kind, was sie sich dabei gedacht haben und wie es ihnen ergangen ist, als ihr kleines Baby getauft wurde.

## Miteinander beten:

Lieber Gott!
Es tut uns gut, Freunde zu haben.
Besonders freuen wir uns über …
*(Hier kann jeder die Namen von lieben Freund/inn/en nennen).*
Miteinander erleben wir schöne Dinge, vieles macht gemeinsam mehr Spaß als alleine.
Es tut auch gut, zu wissen, dass du wie ein Freund für uns da sein möchtest. Jeder von uns ist wichtig für dich, und du bist immer bei uns und begleitest uns. Lass uns deine Liebe spüren und hilf uns, diese Liebe weiterzugeben und anderen Gutes zu tun.
Amen.

## Zum Nachdenken:

Zärtlichkeit
ist mehr
als streicheln,
in den Arm nehmen,
dir durch die Haare wuscheln

Zärtlichkeit ist hinschauen,
hinhören,
hinfühlen

was dir
was mir gut tut,
ohne jemandem zu schaden,

um dann
getan zu werden.

Andrea Schwarz

# 3. Jesus will unser Freund sein

Da brachte man Kinder zu ihm, damit er ihnen die Hände auflege. Jesus sagte: „Lasst die Kinder zu mir kommen." *(Markus 10,13)*

Mir gefällt an Jesus

....................................................................................................

....................................................................................................

## Anregungen für die Eltern:

Jesus wurde von Gott in die Welt gesandt als sein geliebter Sohn. Durch ihn können wir die Liebe Gottes spüren. Ganz Mensch geworden, hat er uns durch sein Leben, seine Worte und Taten, gezeigt, wie ein gutes und gerechtes Miteinander gelingen kann.

In der Bibel können wir vor allem in den Evangelien (das bedeutet: Frohe Botschaft) von Lukas, Markus, Matthäus und Johannes über Jesus und sein Wirken nachlesen. Sein Leben war geprägt vom Einsatz für die Benachteiligten und Schwächeren. *„Wie kann es uns gelingen, so wie Jesus ein Stück weit auf unsere Mitmenschen zuzugehen und ihr Leben ein wenig froher und heller zu machen?"* Diese Frage kann uns jetzt begleiten. Miteinander finden wir vielleicht neue Möglichkeiten, anderen etwas von der Liebe Gottes, die wir selbst erfahren, weiterzugeben.

In unserem Leben gibt es Dinge, die uns froh machen, aber auch Situationen, die uns traurig werden lassen, manches meinen wir nicht länger auszuhalten.

All dies kann in unserem Gebet vorkommen. Wenn wir das, was uns berührt und bewegt, vor Gott hinlegen und vor ihm aussprechen, können wir es damit auch ein klein wenig loslassen. Wir werden offen für neue Möglichkeiten und lassen Gott ein Stück weit heilend in unser Leben hineinwirken.

## Basteln:

Über die Ausstrahlung Jesu haben wir schon in der Kommunionstunde geredet. *(Die Kinder können es bestimmt den Eltern erzählen!)* Immer, wenn wir so wie Jesus, auf andere Menschen liebevoll zugehen, jemandem ein gutes Wort sagen, jemanden gern haben und ihm das auch zeigen, dann spürt dieser Mensch in seinem Herzen ein warmes Leuchten und Strahlen. Umgekehrt spüren auch wir diese strahlende Freude in unserem Bauch, wenn uns jemand Zuneigung spüren lässt.

In der Familie können wir z. B. am Abend einander erzählen, ob jemand von uns so ein Erlebnis hatte, wo das spürbar war. Wir können an einem geeigneten Platz einen gelben Kreis auf Packpapier aufkleben. Der-/diejenige darf dann für sein/ihr Erlebnis einen Sonnenstrahl zum Kreis kleben. Nach einigen Tagen wird die Sonne bestimmt mit vielen Strahlen leuchten!

*Von einem solchen „Strahlen" erzählt auch die folgende Geschichte:*

# Xaverl findet eine Geschichte

In einem Buch findet Xaverl die Geschichte vom alten Mose, der mit Gott sprechen durfte wie ein Freund mit dem anderen. Und wenn er mit Gott, seinem Freund, gesprochen hatte, leuchtete sein Gesicht. Die Menschen sahen das Licht, das von Moses Gesicht ausstrahlte, und fürchteten sich, in seine Nähe zu kommen. Da verhüllte Mose sein Gesicht mit einem Schleier.

„Oh“, sagt Xaverl, „man sieht's einem an, wenn er viel mit dir spricht und dein Freund ist.“

Beinah erschrickt er. Was ist, wenn auch sein Gesicht anfängt zu leuchten? Werden sich alle fürchten, in seine Nähe zu kommen?

Xaverl geht ins Badezimmer und schaut in den Spiegel. Sein Gesicht ist wie immer, schon ziemlich braun von Sonne und Wind, mit ein paar dunklen Sommersprossen auf Nase und Wangen. Nichts leuchtet, gar nichts.

Fast ist Xaverl enttäuscht. Ein kleines, ganz kleines Leuchten hätte ihn nicht gestört. Ein Zeichen dafür, dass er Gottes Freund ist.

Xaverl holt Atem. Erst der Schreck, dann die Enttäuschung. Kein Wunder, dass er jetzt Hunger hat, er fühlt sich inwendig leer und schwach. Er geht in die Küche. Vom Garten her hört er Stimmen. Er schiebt das Fenster einen Spaltbreit auf. Die Mutter redet mit der alten Bäckerin, die über den Zaun auf das Kräuterbeet schaut.

„Ja, ja“, sagt die Mutter. „Es ist schon praktisch, das Kräuterbeet. Der Bub hat es mir zum Muttertag geschenkt und schon Wochen vorher hat er daran gewerkt und gesägt und gegossen und ich hab nie hinschauen dürfen.“

„Mit Ihrem Xaver können Sie schon zufrieden sein“, sagt die Bäckerin. „So ein liebes Kind. Und so fröhlich. Er hat etwas Strahlendes.“

„Ja ... doch ...“, sagt die Mutter nachdenklich. „Manchmal schon.“

*Lene Mayer-Skumanz*

## Das glauben wir, darauf dürfen wir vertrauen:

**Gott hat seinen Sohn Jesus Christus in die Welt gesandt. Bis zu seinem Tod hat Jesus die Frohe Botschaft gelebt und den Menschen verkündet. Wir glauben daran, dass Jesus nach seinem Tod auferstanden ist und dass auch wir nach unserem Tod in Gottes Liebe wohnen werden. Gott liebt uns. Darum können wir mit allem betend zu ihm kommen. Denn er ist einer, der uns gut tun möchte.**

## Miteinander beten:

Eltern können die Kinder nun behutsam anregen, eigene freie Gebete zu formulieren. Ein einfaches *„Danke für ...“* und *„Bitte hilf ...“* bzw. *„Lustig war heute ...“* ist ein guter Beginn. Auch die Eltern können ihre Gedanken im Gebet mit den Kindern vor Gott legen, wenn sie das wollen. Dazu können wir wieder unsere „Gebetskerze“ anzünden. Wir können auch gemeinsam das Vaterunser beten. Da dieses Gebet in jeder heiligen Messe gebetet wird, ist es gut, wenn wir es durch oftmaliges gemeinsames Sprechen bis zur Erstkommunion auswendig können.

## Text für die Eltern:

Beten heißt
vor Gott bringen

mich und mein Leben
meine Fragen und meine Unsicherheit (...)
aber auch meine Freude mein Jauchzen
meine Hoffnung und Träume

die Freunde und ihre Situation
ihre Krankheiten und schwierigen Entscheidungen (...)
aber auch ihre Überlegungen und Pläne
ihr Verliebtsein und ihr Vertrauen (...)

die Fremden (...)
in ihrem Anderssein und Andersleben (...)
und lass uns all die einfallen
die wir schon vergessen haben
damit wir sie und ihr Leben vor dich bringen

beten heißt
vor dich bringen (...)
um deinen Segen für mein Tun zu erbitten
um loszulassen in dich
verändern zu lassen von dir (...)

*Andrea Schwarz / Anselm Grün*

*Es gibt ein Gebet, das Jesus seinen Freunden und Freundinnen selbst beigebracht hat. Weil es ein sehr schönes und wichtiges Gebet ist, wird es in jeder hl. Messe gebetet.*

Vater unser im Himmel

geheiligt werde dein Name

dein Reich komme

dein Wille geschehe

wie im Himmel so auf Erden.

Unser tägliches Brot gib uns heute

und vergib uns unsere Schuld

wie auch wir vergeben unseren Schuldigern

und führe uns nicht in Versuchung,
sondern erlöse uns von dem Bösen.

## Familiengebet

*Hier können die Eltern mit dem Kind ein „Familiengebet“ aufschreiben, entweder ein selbst verfasstes oder ein Gebet aus einem Kinderbuch, das allen gut gefällt.*

# 4. Vom Streiten und Sich-Versöhnen

## Streit fühlt sich so an ...

*Hier kannst du ein Bild davon malen, wie du einmal Streit erlebt hast. Du kannst auch einfach mit Farben oder Symbolen ausdrücken, wie du dich dabei gefühlt hast, wenn gestritten wurde:*

## Frieden fühlt sich so an …

*Hier kannst du ein Bild von Frieden und Versöhnung malen:*

## Anregungen für die Eltern:

Streit, Zorn, Aggression und Unfrieden gehören zu unserem Leben dazu. Auch wenn Jesus uns vorzeigen wollte, wie ein gutes und gerechtes Miteinander gelingen kann, schaut es in unserer menschlichen Realität oft ganz anders aus. Gerade innerhalb einer Familie ist es wichtig, eine Streitkultur zu entwickeln, in der trotz Auseinandersetzungen am Ende Versöhnung und liebevolles Gespräch möglich sind. Es geht nicht darum, dass wir ausschließlich „lieb" zueinander sind. Wir haben unterschiedliche Bedürfnisse, gerade in einer Familie führt das immer wieder zu Reibereien.

Ein erster wichtiger Schritt ist es, aufmerksam miteinander umzugehen. Wenn wir die Gefühle und Sichtweisen des anderen kennen lernen, einander zuhören und uns ein Stück weit in den anderen hineinversetzen, dann werden wir mit der Zeit toleranter und weitherziger im Zusammenleben.

Es tut gut, nach einem Streit einander ehrlich wieder die Hand zu reichen und neu miteinander anzufangen. Das fühlt sich warm im Herzen an – aber es will auch ein Leben lang geübt werden.

## Xaverl und der Rotschopf

*Diese Geschichte zeigt sehr gut, wie Xaverl sich bemüht, Streit zu vermeiden, aber dennoch versucht, zu seiner eigenen Meinung zu stehen. Sie kann mehrere Male vorgelesen werden, denn es finden sich immer wieder neue interessante Details. Das Zwiegespräch mit Gott macht die Geschichte zusätzlich reizvoll.*

Xaverl steht vor dem Bäckerhaus, einen Brotwecken unter dem linken Arm und ein Netz voll Semmeln in der rechten Hand. Er sieht, wie der Rotschopf aus dem Siebzehnerhaus über den Marktplatz rennt, am Brunnen vorbei. Gerade vor dem Pranger erreicht er den kleinen Toni. Er reißt ihm die Schultasche aus der Hand und hängt sie hoch über Tonis Kopf an die oberste Eisenzacke des Prangers. Toni weint. Der Rotschopf steht breitbeinig da und lacht. Er ist größer und stärker als Toni, auch größer und stärker als Xaverl. Und jetzt gibt er dem Toni einen Stoß, dass er hinfällt. Toni heult herzerweichend.

„Lieber Gott", sagt Xaverl, „muss ich mir das anschauen?"

„Das kann man dir wirklich nicht zumuten", sagt der liebe Gott.

„Tun wir was?", sagt Xaverl. Er läuft auf die beiden zu, lehnt den Brotwecken an den Pranger, hängt das Semmelnetz neben die steinerne Kugel und hebt Tonis Schultasche herunter.

„Toni, lauf!"

Vor Schluchzen kann Toni nicht einmal danke sagen.

„Du miserable kleine Kröte!", sagt der Rotschopf. „Was mischst du dich da ein? Na wart!" Er tritt Xaverl gegen das Schienbein.

„Au weh!", sagt Xaverl. „Und ich kann's trotzdem nicht leiden, dass du den Toni ärgerst. Das ist feig, ein so dicker Großer gegen einen so kleinen Dünnen!"

„Wenn du glaubst, dass ich mir von dir was sagen lasse ...", brummt der Rotschopf. „Du Rotznase!" Er spuckt Xaverl an und geht.

„Und jetzt?", fragt Xaverl den lieben Gott.

„Jetzt müssen wir viel Geduld mit ihm haben", sagt der liebe Gott.

„Er hat mich sogar angespuckt", sagt Xaverl.

„Er hat uns beide angespuckt", sagt der liebe Gott.

„Nein, nein!", sagt Xaverl erschrocken. „Nur mich!"

Am nächsten Tag trifft er den Rotschopf auf dem Eislaufplatz. Der Rotschopf rempelt ihn an: „Mamaliebling! Daumenlutschbaby! Mädchenfreund!"

„Selber Mädchenfreund!", sagt Xaverl.

Am übernächsten Tag trifft er den Rotschopf beim Kindergarten. Der Rotschopf holt seine kleine Schwester ab. Er nimmt sie fest an der Hand und führt sie über die Straße. Er wird rot, als er Xaverl erkennt.

„Hallo, Maulaufreißer!"

„Selber Maulaufreißer", sagt Xaverl freundlich.

Am dritten Tag trifft er den Rotschopf auf der schmalen Christophorusbrücke. Der Rotschopf marschiert hinter seiner Mutter her und trägt ihr zwei schwere Taschen voll Gemüse und Obst. Er wird bis über beide Ohren rot, als er Xaverl daherkommen sieht.

„Hallo, Stänkerer!"

„Ich heiße Xaver", sagt Xaverl und macht dem Rotschopf und seiner Mutter Platz. „Und wie heißt du?"

„Hans", sagt der Rotschopf. „Und wenn du mich jemals Rotschopf nennst, kriegst du einen Tritt, dass du bis zum Kometen fliegst!"

Xaverl sieht Hans von der Seite an. „Ich finde deine Haare gar nicht so schlecht", sagt er erstaunt. Die Mutter des Rotschopfs dreht sich zu den Buben um.

„Was ich dem Hansi immer sage!", ruft sie. „Auch mir gefällt seine Haarfarbe, aber die meisten Kinder verspotten ihn deswegen ..."

„Vergiss diese Rotznasen und hör halt nicht hin", sagt Xaverl zu Hans. „Tschüs!"

„Tschüs!", brummt der Rotschopf.

*Lene Mayer-Skumanz*

## Das glauben wir - darauf dürfen wir vertrauen:

**Gott, der uns liebt, möchte, dass es uns gut geht. Als Menschen sind wir immer wieder in Versuchung, nur an uns zu denken, Macht über andere auszuüben, mit Gewalt unseren Vorteil zu erkämpfen. Dadurch entsteht eine Atmosphäre, in der Angst und Zorn andere schwächen und entmündigen. Gott stärkt und heilt uns, damit es uns gelingt, immer neu umzukehren, Versöhnung zu suchen und Frieden zu leben. Er empfängt uns stets mit offenen Armen, wie ein liebender Vater und eine liebende Mutter, wenn wir Streit beenden und Freundschaft neu wagen.**

## Versöhnung ohne Worte:

Wir erklären, wir analysieren, wir beharren auf unserem Recht – viele Worte sind oft nötig, bevor nach einem Donnerwetter wieder die Sonne scheint.
Manchmal tut es gut, sich ohne viel Reden zu versöhnen. Wir wissen, dass jede/r seinen Teil zum Konflikt beigetragen hat, wieder einmal sind wir in unsere bekannten Streitmuster verfallen ...
Versuchen wir – besonders in der Familie, in der Partnerschaft – auch einmal neue, wortlose Gesten der Versöhnung ins Spiel zu bringen. Kinder können dabei erstaunlich kreativ werden, wenn man sie ein bisschen anregt!

- eine Kerze anzünden, um auszudrücken: *„Ich will wieder gut sein."*
- ein kleines Brieflein auf das Kopfpolster legen ...
- eine passende Comicgeschichte (z. B. Snoopy) verschenken
- eine Blume an den Essplatz stellen
- ein gemeinsamer schweigender Spaziergang, bei dem die Wut abfließen kann
- ein wilder Tanz zu einem flotten Lied baut Aggressionen perfekt ab
- eine Umarmung, ohne Worte, einfach so ...
- in Stille zusammenkommen, damit jede/r für sich beten und Gott um Hilfe bitten kann

# Die Geschichte vom barmherzigen Vater

Ein Mann hatte zwei Söhne. Beide Söhne halfen dem Vater auf dem Bauernhof. Da sagte der jüngere Sohn zu seinem Vater: „Ich bin jetzt groß. Ich kann für mich selber sorgen. Lass mich hinausziehen in die Welt und gib mir Geld. Gib mir die Hälfte von deinem Vermögen – das würde ich nach deinem Tod ohnehin erben.“ Der Vater erschrak. Aber er ließ den Sohn ziehen. Er gab ihm Geld. Einen ganzen Sack voll. Viele Goldstücke.

Der Sohn aber packte alles zusammen, was ihm gehörte, und zog in ein fremdes Land. Dort hatte er ein lustiges Leben. Er kaufte sich schöne Kleider, er aß und trank mit seinen neuen Freunden und verbrauchte viel Geld.

Aber plötzlich wuchs in dem fremden Land kein Korn mehr. Es hatte lange nicht mehr geregnet. Das Brot wurde sehr teuer. Der Bauernsohn jammerte: „Ich habe Hunger! Ich habe Durst! Ich habe kein einziges Goldstück mehr. Ich kann nichts zu essen kaufen.“ Er ging zu einem Bauern und fragte: „Darf ich bei dir arbeiten? Bezahlst du mich dafür?“ Der Bauer schickte ihn aufs Feld: „Dort kannst du auf meine Schweine aufpassen.“ So saß dann der Bauernsohn neben dem Futtertrog. Er war Schweinehirt. Die Schweine schmatzten neben ihm. Aber er hatte nichts zu essen und konnte auch nichts kaufen.

Da dachte der junge Mann an seinen Vater: Die Knechte meines Vaters bekommen Brot und Milch! Sie haben es gut! Bevor ich hier vor Hunger sterbe, will ich heimgehen. Bei meinem Vater will ich arbeiten. Ich will zu ihm sagen: Es war dumm von mir wegzulaufen. Von deinem Geld ist nichts mehr übrig. Ich bin ein schlechter Mensch. Gott sieht es. Aber auch du siehst es, Vater. Stelle mich an wie deinen untersten Knecht. Und der Sohn machte sich auf den Weg nach Hause.

Von weitem sah er den Bauernhof seines Vaters. Stand da nicht jemand? Ein Mann kam auf ihn zu. Er breitete seine Arme aus. Da erkannte er ihn. Es war der Vater! Er umarmte seinen Sohn. Er gab ihm einen Kuss. Er war ihm nicht böse. Und der Vater rief den Knechten zu: „Bringt ihm das beste Kleid! Steckt ihm einen goldenen Ring an die Hand und gebt ihm neue Schuhe. Schlachtet das gemästete Kalb und bratet es! Freut euch mit mir, denn mein Kind ist wieder da. Ich bin glücklich, dass es noch lebt. Ich habe meinen Sohn verloren – jetzt habe ich ihn wiedergefunden.“ Auf dem Bauernhof wurde ein großes Fest gefeiert. Alle tanzten und sangen, aßen und tranken.

Der ältere Bruder aber kam gerade von seiner Arbeit auf dem Feld zurück. „Was ist denn los?“, fragte er, als er die Festmusik hörte. „Dein Bruder ist zurückgekommen“, antwortete ihm ein Knecht. „Dein Vater ist überglücklich. Er hat das gemästete Kalb geschlachtet.“ „Sprich nicht weiter!“, unterbrach ihn der ältere Sohn. Er war wütend. Er war eifersüchtig. Er wollte nicht dabei sein bei diesem Fest.

Dann kam der Vater heraus. Er legte den Arm um die Schultern seines älteren Sohnes und wollte ihn hereinholen. Der Sohn stieß den Vater von sich. Er drückte die Hände auf seine Ohren, damit er die Festmusik nicht hören musste. Und er sagte: „So viele Jahre bin ich immer bei dir geblieben. Ich habe für dich gearbeitet. Aber für mich und meine Freunde gab es nie ein Fest! Nicht einmal einen Ziegenbock hast du für mich schlachten lassen." Noch einmal legte der Vater den Arm um die Schultern seines älteren Sohnes: „Mein Kind, du warst immer bei mir. Du hast es gut gehabt. Alles was mir gehört, gehört auch dir. Komm, freu dich mit uns. Wir dachten, dein Bruder sei tot. Nun lebt er wieder. Er war verloren, jetzt ist er wiedergefunden."

Alle haben gelauscht. Hört die Geschichte hier auf? Ist der ältere Sohn doch noch zum Fest gegangen? Jesus erzählt es nicht. Er zieht mit seinen Jüngern weiter.

Die Männer und Frauen, die zugehört haben, bleiben stehen. Leise reden sie miteinander. „Jesus hat von Gott erzählt", sagt eine Frau. „Jesus ist wie der gute Hirt, wie dieser Vater, der seine Arme öffnet." *(nach Lukas 15,11–32)*

## Basteltipp – Launometer:

Unsere Gefühle sind immer im Spiel, wenn es zu Konflikten kommt. Wir spüren: *Ich bin traurig, ich bin wütend, ich habe Angst* ... Gar nicht einfach ist es, darüber zu sprechen. Zuerst einmal nehmen wir unsere Gefühle nicht immer deutlich genug wahr, sie dann auch noch auszudrücken ist eine zusätzliche Hürde. Bis zuletzt bleibt die Unsicherheit, ob wir bei unserem Gegenüber auf Verständnis für unsere Gefühle und Bedürfnisse hoffen dürfen.

In der Familie ist es wichtig, umeinander und um die Gefühle der anderen zu wissen, damit wir Rücksicht aufeinander nehmen und uns gegenseitig den Rücken stärken können. So lassen sich Streitigkeiten vermeiden.

Ein Launometer kann uns durch diese Woche begleiten, jede/r kann darauf seine/ihre Gefühle, die ja ständig wechseln, für die anderen sichtbar „einstellen". Mit einer persönlich verzierten Büroklammer kann jede/r seine Befindlichkeit ausdrücken.

## Aktion:

An einem geeigneten Ort wird eine schöne Schale aufgestellt. Daneben liegen in einer Schüssel kleine bunte und kleine dunkle Dinge (Steinchen, Papierstücke, Klebebilder, Nuggets ...). In den kommenden Tagen achten alle in der Familie darauf, wo sie „Friedenserlebnisse" haben *(jemand war besonders nett zu mir, hat sich bei mir entschuldigt, hat mit mir geteilt, ich habe jemandem geholfen ...)* bzw. wo sie „Konfliktmomente" spürten *(ich bin zornig geworden, jemand hat mich angeschrien, ich musste weinen, ich kenn mich nicht aus, jemand hat mich absichtlich verletzt ...).* Für Friedenserlebnisse wird von jedem Familienmitglied jeweils ein „buntes Teil" in die Schale gelegt, für dunkle Ereignisse ein „schwarzes Teil". Abends können wir darüber reden und einander unsere Erlebnisse erzählen. Es geht hauptsächlich darum, Sensibilität zu entwickeln und aufmerksamer zu werden füreinander.

## Text für die Eltern:

Stell dir vor
Gewalt wird durchbrochen
Verhärtete Momente werden aufgebrochen
Segnende Gesten sind da.

Stell dir vor
Menschen werden nicht mehr für immer abgeschrieben
Veränderung wird möglich
Ausgegrenzte finden Aufnahme in unserem Kreis
Segnende Zeichen sind da.

Stell dir vor
Versöhnung mit sich selber gelingt
Erlösende Momente der Befreiung aus eigener Schuld
Neues Aufeinanderzugehen wird möglich
Segnende Worte berühren uns.

Stell dir vor
Christus ist mitten unter uns
Im verzeihenden Miteinander
In der zärtlichen Umarmung
Im solidarischen Aufbruch
Bewegt uns Freundin Geist zur Versöhnung
Amen.

*Pierre Stutz*

## Miteinander beten:

Guter Gott! Jeden Tag erleben wir viele Dinge, schöne, aber auch welche, die uns ärgern oder traurig machen.

*(Nun kann jede/r etwas erzählen und vielleicht auch auf die Gegenstände in der Schale hinweisen. Das Erzählen sollte aber für jede/n freiwillig sein.)*

Besonders geärgert hat mich ...
Traurig oder ängstlich gemacht hat mich ...
Und schöne Dinge habe ich auch erlebt, nämlich ...
Du guter Gott, in allen Erlebnissen bist du wie ein Freund und wie eine Freundin bei uns. Wir sind nicht alleine. Dafür danken wir dir. Amen.

## Frieden bedeutet für mich ...

*Jede/r kann hier etwas eintragen oder zeichnen, so entsteht eine Friedenscollage.*

# 5. Wie mach ich's wieder gut?

Was ist dir wichtig, wenn du an deine Familie, deine Freunde und Freundinnen, an die Schöpfung oder an Gott denkst? Male zu jedem Bild deine Gedanken!

*Trage in die Zeile deinen Namen ein.*

## Anregungen für die Eltern:

*„Ach, das ist mir doch egal!“* – Diesen Satz hören wir immer wieder: „Ist doch egal, wenn wir einander wieder einmal nicht verstanden haben.“ „Ist doch egal, wenn etwas ganz anders gekommen ist, als wir es uns eigentlich gewünscht haben.“ Darin schwingt ein gewisses Maß an Enttäuschung und Resignation mit. Ein Gefühl der Ohnmacht wird spürbar – auch schon bei Kindern.

Unsere Vorbereitungsstunden möchten aufwecken und dazu ermutigen, hinzuschauen und nachzuspüren: *Wo läuft etwas nicht so, wie es laufen könnte? Wo kann ich etwas anders und besser machen – im Zusammensein mit den Mitmenschen, aber auch in Bezug auf die Schöpfung? Wo kann durch mich etwas Neues beginnen, so dass mehr Mut und Kraft und Lebensfreude spürbar werden.*

Bei der Suche nach solchen neuen Wegen des Zusammenlebens können wir erfahren: *Wir haben Macht, und sei es auch nur in kleinen Schritten, diese Welt positiv zu verändern. Unseren Kindern schenken wir dadurch Zuversicht und Vertrauen in die Zukunft!*

Die Kinder bereiten sich in den Kommunionstunden auf ihre erste Beichte vor. Dabei ist die aufmerksame Begleitung durch die Eltern wichtig, schließlich handelt es sich um einen persönlich sehr bewegenden Prozess. Die Eltern sollten daher ihren Kindern aufmerksam zuhören und das Gespräch mit ihnen suchen.

Für viele ist die Beichte mit unangenehmen Erinnerungen verbunden. Die Kommunionvorbereitung des Kindes kann vielleicht auch für Eltern eine Gelegenheit sein, sich von solchen Erinnerungen einen Schritt weit zu distanzieren. Bei der Beichte - heute spricht man eher vom „Sakrament der Versöhnung“ - soll nicht das Kreisen um Schuld und Versagen im Vordergrund stehen, sondern das aufmerksame Hinspüren auf die eigene Lebenssituation: *Wonach sehne ich mich? Was ist kostbar in meinem Leben? Gebe ich dem genügend Raum, sodass es sich entfalten und wachsen kann? Wie kann ich mithelfen, dass das Reich Gottes ein Stück weit hier und jetzt wirklich werden kann?*

# Kirtag

*Xaverl ist in einer sehr nachdenklichen Stimmung: Er ist mit sich selber unzufrieden, einiges ist nicht so gelaufen, wie er es sich vorgestellt hat. Nun spricht er mit Gott: Wie kann es weitergehen?*
*Die Kinder haben die Geschichte bereits in der Gruppenstunde gehört. Bei der nochmaligen Lektüre in der Familie können sich neue Gesprächsanregungen bieten. Die Geschichte kann dabei helfen, Erfahrungen und Gefühle der Kinder anzusprechen.*

Die Mutter sagt, zwei Stunden Kirtagsrummel sind mehr als genug, und geht heim. Der Vater sagt, die Blasmusik ist ihm viel zu laut, aber er setzt sich unter die Linden und trinkt noch ein Krügerl Bier. Er brummt, weil Xaverl ihn schon wieder um Kleingeld bittet, doch Kirtag ist nur einmal im Jahr, damit hat Xaverl ja Recht ...

Xaverl braucht sehr viel Kleingeld an diesem Tag: für das Ringelspiel, für eine Riesengurke, fürs Ponyreiten, für noch eine Riesengurke, fürs Autodrom und schließlich noch für die Schießbude. Viele Kinder sehen Xaverl beim Schießen zu und das freut ihn. Er schießt eine blaue Rose, die schenkt er der kleinen Heidi. Er schießt einen winzigen rotweißen Rettungsring, den schenkt er dem Paul für den Fall, dass er beim Schwimmen aufs Schwimmen vergisst. Die Mädchen kichern, Paul schnaubt durch die Nase, denn Xaverl ist beim Schießen viel besser als er.

Nun möchte Xaverl noch gern einen Bären schießen. Aber für seinen letzten Schuss reicht ihm die Schießbudenfrau ein Lebkuchenherz. Sie hängt es ihm an einer langen Schnur um den Hals und gratuliert: „Du bist ein guter Schütze!“

Xaverl ist enttäuscht. Ein Bär, selbst aus rosa Plüsch, wäre ihm lieber gewesen.

Die Mädchen umringen ihn und bewundern das Herz. Xaverl schielt auf seine Brust hinunter. Das Lebkuchenherz ist sehr groß, hat einen Schnörkelrand aus hellblauem Zuckerguss und ist mit Marzipanrosen verziert. In seiner Mitte prunkt eine Zuckerschrift: Dir g'hör ich!

„Ist das aber schön!“, sagt Martina.

„So richtig zum Weiterschenken!“, sagt Lisi.

„Man muss lachen, wenn man es sieht“, sagt Sabine.

Wenn die Aufschrift nicht wäre, denkt Xaverl, könnte ich es gleich herschenken, aber so ...

Auf einmal hält er es nicht mehr aus, da zu stehen mit einem Lebkuchenherz um den Hals. Er brummt: „Drei Stunden Kirtag sind mehr als genug!“, und rennt weg.

Wo ist ein stiller Platz zum Ausruhen, Gurkenverdauen und Nachdenken? Xaverl geht in die Kirche hinein und setzt sich auf eine Bank. Hier hört man die Blasmusik nur noch ganz leise, gedämpft.

„Lieber Gott“, sagt Xaverl, „da bin ich.“ Und er wird still, ganz still, damit er hören kann, was Gott ihm antwortet.

„Mein lieber Xaverl“, sagt der liebe Gott.

„Lieb – ich weiß nicht“, brummt Xaverl und denkt an die letzten Stunden. Da ist manches geschehen, was ihm nun, wenn er nachdenkt, gar nicht gefällt. Er hat den Toni gepackt und zu sich ins Flugzeug im Ringelspiel gesetzt, er hat ihn hereinzerren müssen, denn der Toni wollte nicht fahren. „Sei nicht so fad“, hat Xaverl geschrien, „das ist doch lustig“, aber dem Toni ist schlecht geworden. Er hat geweint und hat hinterher zu Xaverl gesagt: „Nur weil du stärker bist, kannst du mich zwingen ...!“

Da hat der Xaverl einen Stich in der Brust gespürt. „Es war gemein von mir“, sagt Xaverl, „nur war mir das im Moment nicht klar. Ich war nur zornig, weil er sich so gewehrt hat ...“

„Mein lieber Xaverl“, sagt Gott.

„Hör zu“, sagt Xaverl schnell. „Der Hans wäre gern mit mir Autodrom gefahren, aber ich hab so getan, als würd ich’s nicht merken. Ich fahre lieber allein ...“

„Xaverl, ich mag dich“, sagt Gott.

„So, wie ich bin?“

„So, wie du bist.“

„Ich mag mich heute nicht besonders“, sagt Xaverl. „Zuletzt war da noch die Sache mit diesem Lebkuchenherzen. Ich hab nicht gewusst, was ich tun soll. Ganz komisch und blöd bin ich mir vorgekommen ... Na rate einmal, wer das Herz von mir geschenkt haben wollte!“

„Die Martina, die Lisi und die Sabine“, sagt Gott.

„Was, die Sabine auch? Das hab ich gar nicht bemerkt ...“

Xaverl hebt das Herz in die Höhe und streift sich die Schnur ab.

„Ich weiß nicht, wohin damit. Möchtest du’s haben? Ich lass es dir da, lieber Gott. Irgendwo in einem finsteren Winkel häng ich’s dir auf.“

„Vielleicht hinter den Fahnenstangen“, sagt der liebe Gott. „Und wenn du weißt, wem du es schenken willst, kannst du kommen und es dir holen.“

*Lene Mayer-Skumanz*

## Aktion:

Wir machen als Familie einen schweigenden Spaziergang durch die Natur. Dabei halten wir Augen und Ohren offen. Wir fragen uns: *Wo habe ich jemanden verletzt? Was ist mir nicht so gelungen, wie ich es mir gewünscht hätte?* Bestimmt werden wir einen Gegenstand entdecken, der uns beim Nachdenken hilft (ein Blatt, ein schöner Zweig, eine interessante Wolke ...?)
Manches davon können wir als Symbol mitnehmen, anderes lassen wir lieber in der Natur zurück (Tiere oder Pflanzen, die noch verwurzelt sind). Hinterher tauschen wir uns aus: *Was haben wir alles entdeckt? Ist uns etwas eingefallen, das wir den anderen erzählen wollen?* Vielleicht tragen wir einfach nur unsere Symbole zusammen und sagen einen kurzen Gedanken dazu. Abschließend können wir die Familienkerze entzünden und um einen guten Neuanfang bitten:

## Miteinander beten:

Guter Gott! Ich habe etwas getan, das mich nicht froh macht.
Es geht mir und den anderen schlecht.
Schenke mir viel Kraft, damit es wieder gut wird.
Hilf mir, draufzukommen, wie ich es anders und besser machen kann.
Danke, dass du bei mir bist. Amen.

## *Das glauben wir – darauf dürfen wir vertrauen:*

**Gott ist Schöpfer/in dieser Welt. Unsere Erde soll ein Ort sein, an dem die Lebewesen in Frieden zusammenleben. Wenn wir unsere eigenen Grenzen und die der anderen ernst nehmen und achtsam miteinander umgehen, kann dies ein Stück weit gelingen. Dazu brauchen wir auch Zeiten der Stille und des Nachdenkens, um zu erkennen: *Etwas kann durch mich neu und besser werden.* Auch wenn manches schiefläuft: Gott hält zu mir! Im Sakrament der Versöhnung ist er uns nahe, dabei wird unser Leben ein Stück weit geheilt und aufgerichtet. Wir können voll Kraft und Zuversicht neue Wege einschlagen.**

## Das ist ja etwas ganz Neues!

Wir kennen die eingefahrenen Geleise: So machen wir es immer, deswegen streiten wir doch jedes Mal! Um diese Endlosschleife zu durchbrechen, können Eltern und Kinder bewusst etwas ganz Neues ausprobieren: einen neuen Blickwinkel einnehmen, ein Ritual neu einführen, ein Problem einfach ansprechen oder auch nur miteinander eine neue Topfpflanze für das Wohnzimmer einkaufen – das alles kann einen Effekt hervorrufen: Neue Wege tun sich auf und etwas ändert sich zum Besseren, obwohl wir die Hoffnung schon fast aufgegeben haben! Unsere Pläne und Erfahrungen damit können wir hier festhalten.

..........................................................................................................

..........................................................................................................

.................................... ....................................

..................................................

# Über die Erden

Über die Erden muaßt barfuß gehn.
Ziag d' Schuach aus, die machen di' blind!
Dann kannst den Weg mit die Zechn sehn,
des Wasser, den Wind ...

Sollst mit die Sohln auf d' Staner steign,
mit der nackerten Haut.
Wird dir die Erden a bald zeign,
dass s' dir vertraut.

Gspür des nasse Gras auf die Füaß,
gspür, wie trocken is der Staub.
Gspür, wie dich streichelt das Moos so süaß,
gspür, wie's knistert im Laub.

In'n Bach muaßt einesteign,
durchs Wasser muaßt auffegehn,
untern Wasserfall muaßt di' stelln
mit'm Gsicht in die Höh,
mit der Wangen auf d'Erd
in die Sunn di' legn.

Liag ganz still, riach die Erden und gspür,
wie aufsteigt aus ihr a riesige Ruah.
Und dann is die Erden ganz nah bei dir
und du waßt, du ghörst zu allem dazua.

*Martin Auer*

# 6. In der Kirche gibt es viel zu erleben!

*Du kannst in die Kirche hineinschreiben oder hineinzeichnen, was du in der Kirche gerne tust bzw. was dir dort gut gefällt.*

## Das macht mich froh!

*Hier kannst du eine Stelle aus dem Evangelium aufzeichnen, die dich froh macht oder die du besonders schön findest.*

## Anregungen für die Eltern:

Die Kinder entdecken nun die Kirche als einen Ort, an dem Begegnung stattfindet. Sie werden in den kommenden Stunden öfter in die Kirche gehen und Gelegenheit haben, sich dort neugierig umzuschauen. In der Kirche kommen wir zusammen, um miteinander die heilige Messe zu feiern. Dabei lernen die Kinder die Elemente der Messfeier kennen und probieren auch manche Sachen selber aus, um mit der Liturgie vertraut zu werden. Zunächst beschäftigen wir uns mit dem ersten Teil der hl. Messe, dem Wortgottesdienst. Da steht das Hören auf die Frohe Botschaft der Bibel im Vordergrund und wir machen uns zu dem Gehörten unsere eigenen Gedanken.

Für Kinder ist es besonders wichtig, diese froh machende Dimension mit dem ganzen Körper zu spüren. Dies möchten wir durch spielerische Methoden wie biblisches Rollenspiel oder das Legen von Bildern zur Bibelstelle erreichen.

## Aktion:

Natürlich: miteinander in die Kirche gehen! Alle sind eingeladen: Kommt, seid auch dabei! Bei dieser Gelegenheit kann die ganze Familie die Pfarrkirche genau von innen und außen betrachten, mit ihren schönen Fenstern, Malereien, Kunstwerken und Verzierungen. Die Kinder möchten den Erwachsenen sicher einiges in der Kirche zeigen, schließlich haben sie die Kirche genau erforscht!

## *Das glauben wir, darauf dürfen wir vertrauen:*

**Sonntag für Sonntag treffen Menschen einander in der Kirche, um gemeinsam die heilige Messe zu feiern. Dabei hören wir Erzählungen aus der Bibel. Die Bibel erzählt uns von Gottes Absicht mit der Schöpfung und von seiner Geschichte mit den Menschen. Die Frohe Botschaft des Evangeliums will unser Leben hell machen, denn seine Geschichten erzählen uns von Gottes Freundschaft zu uns Menschen.**

## Buchtipps:

Es gibt zahlreiche Bücher, in denen Kindern die hl. Messe erklärt wird, besonders empfehlenswert: Maria Radziwon, Mein Erstkommunion-Messbuch (Tyrolia-Verlag)
Eine schöne Bibelausgabe für Jugendliche mit vielen Erläuterungen bietet die „Illustrierte Bibel für Kinder" von Selina Hastings (Pattloch-Verlag). Schön wäre es, wenn Eltern und Kind gemeinsam eine Buchhandlung besuchen und dort eine passende Kinderbibel für das Kommunionkind aussuchen.

## Miteinander beten:

*In der Bibel finden wir die Psalmen, das sind Gebete, die Menschen vor sehr langer Zeit gesprochen und gesungen haben. Dabei kann Zeile für Zeile abwechselnd von Erwachsenen und Kindern gelesen werden:*

Herr, es ist schön, dir nahe zu sein.
Ich lobe dich mit den Klängen der Flöte, der Gitarre,
der Trompete oder der Zimbeln.
Die Menschen, die deine Worte nicht hören,
vertrocknen wie eine Pflanze ohne Wasser.
Aber ich bin dein Freund.
In deiner Nähe kann ich wachsen
wie eine Palme in einem Garten,
wie die stolze Zeder auf den Bergen des Libanon.
Wer dir die Treue hält,
wird grünen wie ein Baum voller Saft,
Früchte kann er verschenken
und seine Wurzeln tief in die Erde senken.
Er gedeiht unter dem Segen des Herrn.

*nach Psalm 92*

## Aktion:

Miteinander alte Märchen lesen oder Oma und Opa (bzw. andere ältere Personen) einladen und ihnen zuhören, wenn sie erstaunliche und spannende Dinge aus früheren Zeiten erzählen; erforschen, was „Kirche und hl. Messe feiern" in früheren Zeiten für Eltern bzw. Großeltern bedeutet hat. *Was hat sich verändert? Was ist gleich geblieben?* Insgesamt darf das „Sich-Zeit-Nehmen für das Erzählen und Zuhören" in diesen Tagen ganz wichtig werden in den Familien der Erstkommunionkinder.

## Basteln:

Wenn es in der Familie bereits eine Bibel oder eine Kinderbibel gibt, kann sie nun öfter zur Hand genommen werden und die Kinder können darin die Geschichten aus den Gruppenstunden mit den Eltern noch einmal lesen. Gemeinsam kann ein bunter Umschlag gestaltet und ein Lesezeichen für die Bibel gebastelt werden.

## Aktion für die Eltern:

Eine spirituelle Alltagsübung: Worte und Gedanken von Künstler/inne/n oder Schriftsteller/inne/n, die mir gut tun, an den Spiegel oder an die Tür hängen. Ein biblisches Wort auf eine kleine Karte schreiben und es mit mir tragen. Es meditieren, wenn ich irgendwo warten muss. Es zu meinem Lebenswort werden lassen.

# Unsere Pfarrkirche

*Hier kannst du ein Foto deiner Pfarrkirche einkleben!*

Bei uns in der Pfarre feiern wir die Hl. Messe am Sonntag um ........ Uhr.

Kindermessen gibt es .......................... (z.B.: an jedem 1. Sonntag im Monat)

Schutzpatron unserer Pfarr- ist ..........................

Unser ...... heißt ..........................

BESONDERHEITEN unserer Pfarrkirche:

..........................................................

# 7. Es ist gut, dass wir da sind – vom Loben

Als die Jünger unterwegs nach Emmaus sind, treffen sie plötzlich auf Jesus. Er begleitet sie. Die Begegnung mit ihm macht sie froh und gibt ihnen wieder Mut: Sie sind wie verwandelt! *(Lukas, 24,13–35)*

Es ist schön, mit Freunden zu feiern, weil ..........................................................................

..........................................................................................................................................

## Anregungen für die Eltern:

Die Kinder lernen nun die Eucharistiefeier, den zweiten Teil der hl. Messe, näher kennen. „Eucharistie“ bedeutet Dank sagen. Wir sagen Dank für Brot und Wein und dafür, dass Jesus im Zeichen von Brot und Wein unter uns gegenwärtig ist.

In der Gruppenstunde haben die Kinder die biblische Erzählung von den Emmausjüngern kennen gelernt. Diese sind nach Jesu Tod völlig verzweifelt. Auf dem Weg in das Dorf Emmaus begegnen sie einem Fremden, der sie nach ihrem Kummer fragt. Der Fremde begleitet und tröstet sie, schließlich bitten sie ihn, bei ihnen zu bleiben. Als sie miteinander das Brot brechen, erkennen sie: Der Fremde ist der auferstandene Jesus, der sie in ihrer Trauer nicht allein lässt. Das gemeinsame Mahl mit Jesus verwandelt: Die mutlosen Jünger werden wieder zuversichtlich und froh.

### *Das glauben wir, darauf dürfen wir vertrauen:*

**Unser Körper braucht Nahrung, um zu überleben. Brot und Wein – unsere menschlichen Gaben – sind durch die Wandlung zu Leib und Blut Christi geworden, sie nähren und stärken unsere Seele. Gott verwandelt unser Leben, wenn wir uns von ihm berühren lassen.**

## Brot backen:

Einmal selber Brot backen, das ist gar nicht so schwer! Rezepte dafür finden sich im Internet oder in einem speziellen Kochbuch – und schon steht einem fröhlichen Nachmittag nichts mehr im Wege. Der abschließende gemeinsame Schmaus macht erlebbar, was Mahl feiern und Tischgemeinschaft bedeutet.

# Xaver und das Lied vom Jubeln

*Es gibt viele – auch ganz alltägliche - Anlässe, Dank zu sagen, wenn wir die Schönheit der Schöpfung und den Reichtum des Lebens aufmerksam wahrnehmen. Davon erzählt die folgende Geschichte:*

In der Weihnachtsmette hört Xaverl ein Lied, über das er viele Tage lang nachdenken muss. Er hat auch nicht alles verstanden, was der Chor da gesungen hat, aber soviel doch: Der Himmel, der soll sich freuen, und die Erde soll jubeln, wenn Gott kommt. Das Meer soll aufbrausen vor Jubel und alles, was im Meer schwimmt und lebt. Die Bäume im Wald sollen jubeln, wenn Gott kommt ...

„Aber du bist doch schon da“, sagt Xaverl zum lieben Gott. Und dann wird er still, ganz still, damit er hören kann, was der liebe Gott ihm antwortet.

„Ja“, sagt der liebe Gott, „ich bin da.“

„Na, und jubeln sie?“, fragt Xaverl.

„Ja“, sagt der liebe Gott.

„Ich habe noch nie einen Baum jubeln gehört“, sagt Xaverl. „Vielleicht sind meine Ohren nicht fein genug ...“

„Deine Ohren sind fein genug“, sagt der liebe Gott. „Und außer den Ohren hab ich dir noch Augen gegeben und eine Nase und Fingerspitzen und überhaupt sehr viel Haut. Das musst du alles verwenden.“

„Gut, wenn du meinst“, sagt Xaverl. „Dann geh ich jetzt und höre zu von Kopf bis Fuß.

Er stapft die Straße entlang und einmal um den Marktplatz herum und zurück in den Garten. Er spitzt die Ohren, er streckt die Nase hoch in die Luft, er macht die Augen auf, damit ihm nur nichts entgeht von dem großen Jubel.

Und wirklich:

Die dunkle Wolke am Himmel jubelt mit hellem Rand.

Das Bäckerhaus jubelt mit warmem Rauch und dem Duft nach frisch gebackenem Brot.

Der Rauhhaardackel vor dem Supermarkt jubelt mit seinem Schwanz.

So viele Arten von Jubel.

Im Garten der Kastanienbaum mit seinen harten, kleinen rotbraunen Knospen – jubelt er auch?

Xaverl zieht die Handschuhe aus und legt die Hände an den Stamm. Er presst sein Gesicht an die schwarze Rinde.

Xaverl wartet. Er hört sich atmen und das ist schön.

Ein und aus, ein und aus, die kalte Luft durch die Nase ein, die warme Luft durch den Mund hinaus.

Die warme Luft wird zu kleinen Wolken. Die schweben einen Augenblick lang vor Xaverls Gesicht und steigen dann auf, den Stamm entlang nach oben. Xaverl freut sich. Er denkt: Ich juble mit meinem Atem.

Er spürt den Baum an seiner warmen Haut. „Servus, du, Baum“, sagt Xaverl, „ich glaube, da drinnen jubelst du mit.“

*Lene Mayer-Skumanz*

## Aktion:

Die Familienmitglieder starten eine Umfrage: *Was bedeutet „feiern" für dich? Was gehört zu einer Feier auf jeden Fall dazu? Was freut mich besonders daran? Was mag ich beim Feiern gar nicht? Wie fühle ich mich bei einer richtig tollen Feier? Warum und wodurch kann eine Feier berührend und unvergesslich werden?* Die Ergebnisse werden untereinander ausgetauscht!

## Feiern – das heißt für uns ...

Wird von Eltern und Kindern gemeinsam ausgefüllt und gestaltet, es können auch Fotos von schönen Familienfesten eingeklebt werden.

## Miteinander beten:

Guter Gott !
Die Erde schenkt uns viele gute Früchte, Gemüse und Getreide.
Daraus können wir feine Speisen kochen.

Am liebsten esse ich ..........................................
Danke, dass wir es uns auch heute schmecken lassen können.
Danke, dass wir täglich satt werden.
Lass uns nicht auf jene vergessen, die zu wenig zu essen haben.
Es ist nicht gerecht, dass manche zu viel und viele zu wenig Nahrung haben.
Hilf uns, zu begreifen, wie wir mit anderen teilen können.
Denn auf der Erde gibt es genug Nahrung für alle Menschen. Amen.

## Text für die Eltern:

Brich auf, gehe, vertraue.
Wage es jeden Tag neu, dich zu verändern

Brich auf
aus sorgenvollen Gedanken
aus erstarrten Gewohnheiten
aus lähmenden Vorstellungen
aus einengenden Forderungen.

Sei aufmerksam für die Schönheit der Natur
für neue Wege
für unerwartete Begegnungen
für geschenkte Lebensmöglichkeiten.

Sammle auf dem Weg
zum Ziel
dich selbst ein.
Brich auf
jeden Tag neu
und du wirst verwandelt ankommen,

*Peter Müller*

# 8. Eucharistie – wir feiern ein Fest!

Guter Gott!
Wir freuen uns schon auf unser gemeinsames Fest,
auf das Fest in der Kirche
und auf das Fest daheim mit unseren Familien.
Besonders freue ich mich auf

...............................................................................................

...............................................................................................

...............................................................................................

Schenke du uns deinen Segen dazu. Amen.

## Anregungen für die Eltern:

In den letzten Stunden geht es um das Thema „Fest“. Feste unterbrechen den Alltag und machen das Leben bunt, aus dem Erleben der Gemeinschaft können wir zusätzlich Kraft schöpfen. Jesus hat immer wieder gerne mit Leuten gefeiert. Er hat verschiedenste Menschen zum gemeinsamen Mahl eingeladen, um ihnen dadurch die Zuwendung Gottes besonders deutlich zu zeigen. Eine besonders bekannte Geschichte ist das Mahl mit dem Zöllner Zachäus. *(Lukas 19)*

## Aktion: Miteinander Mahl halten

Eine gemeinsame Mahlzeit besonders sorgfältig gestalten:
- gemeinsam einkaufen, den Tisch schön decken, Blumen dafür pflücken, Gäste einladen
- vor dem Essen ein Tischgebet sprechen
- die Köchin besonders loben für die gelungenen Speisen

### *Das glauben wir – darauf dürfen wir vertrauen:*

**Im gesamten Wirken Jesu wird deutlich, dass er dem gemeinsamen Essen besondere Bedeutung beimisst. Dadurch zeigt er, dass er Gemeinschaft stiften möchte. Denn miteinander zu essen bedeutet im Orient: mit jemandem in Lebensgemeinschaft zu treten! Diese Dimension der Gemeinschaft können wir jedes Mal erfahren, wenn wir uns zur heiligen Messe versammeln. Jesus lädt uns ein, gemeinsam Mahl zu halten – dabei erinnern wir uns auch an das Mahl, das Jesus mit seinen Jüngern gefeiert hat.**

## Basteln:

Wenn eine Familienfeier am Tag der Erstkommunion geplant ist, können Eltern und Kinder nun gemeinsam überlegen, wie der Tisch beim Mahl gedeckt sein soll (auch in ein Lokal kann Tischschmuck mitgebracht werden). Gemeinsam basteln die Familienmitglieder z. B. Tischkärtchen für die Gäste, Gläseruntersetzer (kleine kreisförmige Mandalas bemalen und mit durchsichtiger Folie überziehen oder laminieren lassen), Kerzenhalter aus Salzteig, Tischkerzen können mit bunten Wachsblättern verziert werden; ein Stoffband, das bunt bemalt oder bedruckt wird, ergibt einen hübschen Tischläufer ...
Wenn die Feier zu Hause stattfindet, können einfache weiße Leintücher als Tischtuch verwendet werden. Die Gäste dürfen dann dem Erstkommunionkind mit Stoffmalstiften gute Wünsche, kleine Bilder, ihre Unterschrift ... auf das Tischtuch schreiben – eine schöne, lange Erinnerung an das Fest entsteht!

# Das große Kirchenmaus-Quiz

*Kreuze die richtigen Antworten an (manchmal sind mehrere richtig)!*

1. Der Priester wünscht den Christen:
„Der Herr sei mit euch." Alle antworten:
a) Danke gleichfalls.
b) Und mit deinem Geiste.
c) Halleluja!

2. Das Hochgebet beginnt mit einem kurzen Gespräch. Der Priester sagt:
„Erhebet die Herzen." Alle antworten:
a) Das tun wir.
b) O.K.
c) Wir haben Sie beim Herrn.

3. Vor dem Evangelium
a) Klatschen alle in die Hände.
b) Stehen alle auf.
c) Singen die Christen das Halleluja-Lied.

4. Das große Lob-, Dank- und Erinnerungsgebet heißt
a) Hochgebet.
b) Großgebet.
c) Kyrie eleison!

5. Nach der Lesung antworten die Menschen
a) Dank sei Gott!
b) Dankeschön!
c) Das waren die Worte der Lesung.

6. „Eucharistiefeier"
a) So heißt der zweite Hauptteil der Messe.
b) Bedeutet „Danke-Feier".
c) So nennt man eine Geburtstagsfeier in einem griechischen Restaurant.

7. Bei der Verabschiedung sagt der Priester
a) Tschüss!
b) Auf Wiedersehen!
c) Gehet hin in Frieden!

8. Der erste Hauptteil der Messe heißt
a) Bibelstunde
b) Wortgottesdienst
c) Mitgliederversammlung

9. Nach dem Evangelium sagt der Priester: „Evangelium unseres Herrn Jesus Christus." Alle antworten:
a) Das wissen wir schon.
b) Danke fürs Vorlesen!
c) Lob sei dir Christus!

*Petra Pories*

## Miteinander beten:

Wir beten als Tischgebet gemeinsam das Vaterunser (s. S. 20).

### Brot und Wein werden

Wenn auch wir füreinander
Brot und Wein werden könnten,
Brot für den Alltag
und Wein für die festliche Freude –
wenn wir deinen Dienst an uns
in Einander-Dienen verwandeln –
wenn wir Hunger und Durst verstünden
als tröstliche Zeichen
für nahe Erfüllung und Vollendung –
und keiner mehr müsste sich schämen
für seinen Lebenshunger,
dürfte den Durst bekennen –
wie würden wir kosten und sehen,
wie gut wir einander sind,
kosten und sehen, wie gut es ist,
dass wir sind!

*Lene Mayer-Skumanz*

Ich habe meine 1. hl. Kommunion am ............ in der Pfarrkirche ............................ gefeiert.

In der hl. Messe hat mir besonders gut gefallen:

..........................................................................

Ich habe auch mitgemacht, ich durfte (z.B. eine Fürbitte lesen, tanzen ...)

..........................................................................

## MIT DABEI WAREN

Wir haben an diesem Tag schöne Dinge unternommen, und zwar

..........................................................................

Ich habe auch Geschenke bekommen ..............................

Danke!